I0166434

ALEXIS PONSON DU TERRAIL

AU VILLAGE

NOTES D'AMOUR

PARIS

AUGUSTE GHIO, ÉDITEUR

PALAIS-ROYAL, 1, 3, 5, 7, GALERIE D'ORLÉANS

1888

Tous droits réservés

AU VILLAGE

NOTES D'AMOUR

2332

8° Ye
2113

SAINT-DENIS. — IMPRIMERIE LÉON MOTTE, 20 BIS, RUE DE PARIS

ALEXIS PONSON DU TERRAIL

AU VILLAGE

NOTES D'AMOUR

PARIS

AUGUSTE GHIO, ÉDITEUR

PALAIS-ROYAL, 1, 3, 5, 7, GALERIE D'ORLÉANS

1888

Tous droits réservés

AU VILLAGE

AU VILLAGE

SIMIANE

(SONNET)

Comme au sommet d'un roc brûlé par le soleil,
Dominant l'horizon immense du rivage,
L'aigle majestueux, au conquérant pareil,
Jette les fondements de son aire sauvage ;

Tels nos pères jadis ont bâti le village,
Gaulois, aux bras d'acier, au front large et vermeil,
Nobles dans leurs frayeurs, superbes dans leur rage,
Victorieux, vaincus, et toujours en éveil.

Aujourd'hui les témoins des vieilles représailles

Les bastions, les tours et les larges murailles
Ont croulé ; leurs débris contournent des enclos.

Les hommes ne vont plus à des rixes cruelles,
Et les femmes, le soir, marchent dans les ruelles,
Le visage et le cœur d'un doux sourire éclos.

LA SAINT-JEAN

(SONNET)

C'est demain la Saint-Jean. Ce soir la lune pleine
Monte vers le zénith comme un large tison.
Les coteaux, épandus autour de l'horizon,
D'étoiles pointillés, enguirlandent la plaine.

Au village, un bûcher, devant chaque maison,
S'allume lentement ; et la flamme sereine
Que jettent vers le ciel ces feux de fenaison
Donne au pays l'éclat d'une fête foraine.

Les foyers, cependant, s'éteignent dans les rues ;
Alors les blonds essaims des filles accourues
Voltigent au-dessus, leurs jupes à la main ;

Et saint Jean, tout le soir, caché dans une étoile,
Voit des mollets charmants sous des robes de toile :
Saint Jean qui vécut chaste en un désert lointain.

LA MOISSON

(SONNET)

J'ai moissonné mon blé mûr, en bras de chemise,
Le poitrail tout ouvert, au souffle du midi,
La coutume n'est pas de faucher en habit,
Et, viendrait-elle un jour ? je l'enfreindrai, Marquise.

Ma lieuse d'ailleurs était simplement mise.
Sous le blanc caraco, son beau sein arrondi
Riait, comme un fruit d'or des vergers d'Engaddi,
Puis, sa jupe baillait sur une jambe exquise.

Mais la paille était courte et l'épis peu gonflé,
Dans ces quelques arpents où j'avais appelé,
Dès l'aube blanchissante, une blonde lieuse.

Ma moisson, cependant, dura deux mois fort beaux,
Car, comme ma compagne était jeune et rieuse,
Nous faisions une pause à chaque coup de faux.

NUIT D'AOUT

(SONNET)

Le jour évanoui dans la brume rêveuse,
La première nuit d'août descend, l'étoile au front ;
Un clair de lune suit, versant, à chaque rumb,
Sa lumière d'argent, calme, mystérieuse.

Alors sortent des voix de la terre amoureuse :
Bruits de feuilles, d'oiseaux courent la frondaison,
Et les tièdes senteurs de la défloraison
Mêlent à l'air subtil une haleine fiévreuse.

De l'herbe, des buissons, remplis de lucioles,
Des sources, des ruisseaux, aux reflets diaprés,
Où des astres vermeils baignent leurs auréoles,

Et, partout, du sommeil, du repos, pleins de vie ;
C'est l'une de ces nuits où l'âme inassouvie
Monte au troisième ciel des rêves éthérés.

LE QUATORZE JUILLET

(SONNET)

On fêtait, ce soir-là, le quatorze juillet.
Aussi je fus aux champs écouter les cymbales,
Les aigres chalumeaux des grillons, des cigales
Que le piston lointain d'un hibou modulait.

Tout ce joli tapage était fait pour troubler.
Les brises arrivaient, les brises estivales ;
Alors, dans la moisson, ailes et fleurs, rivales,
Au tournoiement d'un bal se laissèrent aller.

Et tous les vers luisants, sortis du creux des murs,
Comme des lampes d'or, d'émeraude et d'opale,
Éclairaient l'herbe haute, allumaient les blés mûrs.

Tandis qu'à l'horizon, la lune, large et pâle,
Incendiait, d'un feu d'artifice géant,
L'espace de l'azur superbe de néant.

MON VIEUX MAS

(SONNET)

C'est une belle horreur, à la ruine livrée.
J'en ai fait mon palais de toute une saison.
La porte ne tient plus que par un faible gond,
Et, la toiture, en haut, baille, toute effondrée.

Je me suis muré là, dans ce trou noir, profond,
Des néfastes corbeaux, demeure préférée.
Les soleils meurtriers y coulent du plafond,
Comme les vents du soir, âpres à la curée.

Mais je reste vivant sur cet amas de pierres,
Mon cœur est un jardin où les fleurs printanières,
Les fleurs du souvenir, repoussent chaque jour ;

Et, fixant l'horizon, d'un œil calme et sauvage,
J'attendrai, pour quitter ce farouche séjour,
Que l'automne ait chassé les oiseaux de passage.

LE BAIN

(SONNET)

Comme elle se baignait dans un courant d'eau claire
Tout au fond d'un enclos, de saules ombragé,
Un jour, je vins m'asseoir à l'ombre tutélaire
De ces amis du deuil, pour mieux la voir nager.

Sa rose nudité, comme un rayon solaire
Qui s'ébattrait sur l'eau, diaphane, allongé,
Souriait, entraînant à sa course : éphémère,
Abeille, libellule et papillon léger.

Puis, la vierge essuya ses rondeurs ravissantes,
Là, même au bord des eaux, avec des fleurs naissantes,
Bien faites pour les lys de son corps velouté.

Et me penchant alors, sur le courant rapide,
Je bus à me griser de la liqueur limpide
D'où venait d'émerger la charmante beauté.

———

L'ANTI-APHRODISIAQUE

(SONNET)

Au village de Simiane,
Il fait bon passer un été ;
On y boit la valériane,
Tous les soirs, en guise de thé.

« C'est une mode paysanne »
Disent, avec naïveté,
Les jeunes filles ; la tisane
Les rend sages en vérité.

Avec elles, complaisamment,
Je prenais du médicament
Comme invitation au rêve ;

Car les paillasses du pays,
Faites de feuilles de maïs,
Ne me laissaient ni paix ni trêve.

LA RENCONTRE

A l'entre-deux d'un mur et d'un petit ruisseau,
Ils s'étaient rencontrés, à la Pâque dernière ;
Par hasard, ne sachant pourquoi, sur cette ornière,
Ils se trouvaient là, deux, en face, l'air tout sot.

L'eau claire chuchotait des notes de cristal,
Charriait de l'azur, du soleil, de la brise,
Voulant plaire, Dieu sait ! à la muraille grise
Qui l'abritait si bien, dans l'hiver, du mistral.

Et la pierre, à son tour, en songeant à ses fleurs,
A ses volubilis, à ses aveines folles,
Dans un bourdonnement de blondes moucherolles,
Rendait grâce au ruisseau du trop plein de ses pleurs.

Les jeunes paysans écoutèrent ces voix,
Pensifs, intimidés ; pour la première fois
Quelque chose d'exquis envahissait leur être.

Puis, comme la muraille et la source, eux aussi
Chuchotèrent tout bas — (car ils venaient de naître
A l'amour) — ce refrain d'avril : Merci ! merci !

———

VOTRE SOURIRE

(SONNET)

Vos yeux sont un miroir, vos lèvres une fleur
Où passe le soleil de votre doux sourire ;
Ce rayon gracieux que rien ne peut décrire,
Frère de la beauté, fleurit votre pâleur.

Et c'est un quelque chose encor de très rêveur
Que le bon Dieu voulut, en son âme, traduire ;
Sans doute, quelquefois, l'avez-vous ouï dire :
« Votre sourire est fait d'une vague douleur ! »

Moi, je l'adore ainsi : triste, sans désespoir,
Coulant timidement de votre bel œil noir
A votre lèvre rouge, — indécis, plein de rêves,

Tour à tour, par la fleur et l'étoile, tenté.
Peut-être songe-t-il à ces deux choses brèves
Qu'éteint et que flétrit un jour brûlant d'été ?

———————

LE CIMETIÈRE

(SONNET)

A côté de l'église est le vieux cimetière.
Tout un village est là, muet dans le terreau,
Qui nourrit de sa chair le chiendent, le sureau,
Epaissit l'herbe folle et fait grimper le lierre.

Trop nombreux sont les morts de ce champ solitaire,
Pêle-mêle entassés dans le même tombeau ;
La bêche, à chaque coup, fait saillir un lambeau
De leurs corps mal dissous par quatre arpents de terre.

Mais les gens du pays ne se résignent pas
A transporter ailleurs le stupide Trépas,
Ils veulent tous pourrir dans cette étroite couche,

Et la bêche toujours creuse là, pour l'un d'eux,
A travers les fémurs et les crânes hideux,
Un trou large et profond, éclairé d'un jour louche.

TOUT UN JOUR

Oh! viens, disais-tu, dans le bois!
C'est la saison des avelines,
Aux coudriers perlent des pralines,
C'est avril! le prince des mois.

Nous nous griserons d'idéal,
Nous cueillerons des asphodèles,
Et nous suivrons les hirondelles
Dans le ciel bleu de germinal.

Et me tendant ta blanche main,
Belle fille de ma Provence,
Un matin de désespérance
Tu m'entraînas sur ton chemin.

D'ombre, était pleine la chênaie,
D'églantines, blancs les buissons ;
Bruissements, coups d'aile, chansons
Étourdissaient la matinée.

Il faisait tiède, il faisait doux,
Sous les ramilles toutes vertes,
Les jeunes fleurs s'étaient ouvertes
Aux baisers des papillons fous.

Et, dans l'eau claire des ornières,
De l'azur et du blond soleil
Jetaient un sourire vermeil
Aux libellules printanières.

A midi, notre vert chemin
Entra dans la plaine brûlante,
L'été rendait ta marche lente
Et ta main tremblait dans ma main.

Sur ta lèvre errait une flamme,
Un parfum courait tes cheveux,
Au lac profond de tes grands yeux
Brillait un peu de ta belle âme.

Mais la nature avait perdu
Déjà sa robe virginale,

Par les champs, une saturnale
Éclatait, puissante de rut.

Et nous, les chastes d'autrefois,
Frôlés par d'impures phalènes,
Sous le ciel de ces larges plaines,
Nous péchâmes, le soir, trois fois !

EFFET DE ROUGE

En robe rouge, un jour d'été,
Comme tu passais sur ma route,
Sous un arbre, je m'arrêtai ;
Le soleil t'environnait toute.

Pleines de fleurs étaient tes mains,
Tu marchais dans une auréole,
Éblouissant les blancs chemins,
O ma charmante Luciole !

Le soir même, te l'ai-je dit ?
Je t'aimais de toute mon âme,
Vierge brune du blond Midi,
Au teint pâli de grande dame.

2.

Oh ! ce n'est pas que tu sois belle
Comme la Vénus de Milo,
Ton corps, au ciseau grec rebelle,
Est d'un idéal plus nouveau.

Oh ! ce n'est pas qu'un astre éclaire
Les profondeurs de tes grands yeux,
Mais jamais étoile polaire
En son éther ne sourit mieux.

Ce n'est pas que tes lèvres roses
Sachent parler un pur français,
Mais elles ont l'encens des roses
Et le murmure des baisers.

Ce n'est pas que tu sois tzigane,
Car jamais brune zingari
N'eut ta beauté de paysanne
Ni ta belle âme, ô ma Péri !

En robe rouge, un jour d'été,
Comme tu passais sur ma route,
Sous un arbre je m'arrêtai ;
Le soleil t'environnait toute.

AMITIE

(SONNET)

Je vous dirai, tout bas, que vous êtes charmante,
Oh ! Madame, si bas et si vite à la fois,
Que vous n'entendrez pas cette parole aimante ;
Je veux rester sauvage, ainsi que je le dois.

Si j'étais cependant le chantre d'un grand bois,
Peut-être exprimerai-je, ô rose ravissante !
Dans un sonnet sylvestre, un peu ce qui m'enchante
De votre être : parfum, regard, sourire et voix.

Mais mon cœur a brûlé toutes ses étincelles,
J'ai suspendu partout des lambeaux de mes ailes,
Aux lilas du jardin, aux bleuets du sentier,

Et, quand je referais l'école buissonnière,
Je ne voudrais cueillir, au creux de chaque ornière,
Que les petites fleurs blanches d'une amitié.

———

MA PERVENCHE

La pervenche de ma fenêtre
Est morte hier, sans une fleur.
La potiche qui la fit naître
N'avait, hélas! assez d'ampleur.

Il faut, pour croître, de l'espace
A la tige, comme à l'enfant;
La jeune hirondelle qui passe
A pour logis le firmament.

Dans le cercle de terre grise,
Large à peine comme une main,
Ma pauvre plante se vit prise
Vers la moitié de son chemin.

Durant un mois l'emprisonnée
Tourna le vase de trépas,
Espérant (bien que condamnée)
Trouver une issue à ses pas.

Mais, de plus en plus infrangible
Le cercle d'argile enserrait
Ses fibres. D'un supplice horrible
Ma pervenche, hier soir, mourait.

Et toute la nuit, sur la couche
De la morte, une grosse mouche
Bourdonna les chants du cercueil,

Cependant que, sur la croisée,
Une luciole, posée,
Éclairait, d'un cierge, ce deuil.

LA FILLE DES BOIS

(SONNET)

Elle était ignorante à ne pas savoir lire,
La fille des grands bois qui m'offrit, à la nuit,
Un peu de son regard, un peu de son sourire,
Un peu de tout ce qui console un jour d'ennui.

Son langage, non plus, n'était fait pour séduire
Un cœur de magister... je l'adorais ainsi :
Bizarre dans ses mots qu'on ne pouvait traduire,
Vivant d'expression, mélodieux aussi.

Elle ne savait rien des choses du village,
N'ayant jamais quitté sa retraite sauvage,
Son nid bien abrité de chênes de cent ans.

C'est un peu pour cela qu'on la disait fidèle
Et chaste en ses amours. En vérité la belle
Ne m'aima qu'une nuit de ses jeunes printemps.

MARTHE

La nature s'est souvenue
Qu'au mois d'avril, de grand matin,
Marthe, nous fûmes, tête nue,
Semer des fleurs dans un jardin ;

Qu'en l'endroit le plus solitaire,
D'herbes futiles encombré,
Nous mîmes la semence en terre
A tout hasard, sans espérer.

Car l'autre jour, courant encore
Tous les deux à la blanche aurore
Nous avons trouvé, frais éclos,

3

Des liserons et des verveines,
A cet endroit de notre enclos
Où nous jetâmes quelques graines.

LA MÈCHE DE CHEVEUX

(SONNET)

Avant de la quitter je pris de ses cheveux,
De ses cheveux épars, jalousés de plus d'une,
Tant leur nuit rehaussait le clair rayon de lune
De son front, de sa joue, et même de ses yeux.

Sachant trop que de riens mon cœur fait sa fortune,
Je mis, dans un écrin, le duvet noir, soyeux,
Encor tout parfumé de l'adorable brune,
Puis, la remerciant, je partis soucieux.

Comme une goutte d'eau rappelle un océan,
Une feuille un grand bois, une fleur tout un champ,
Les quelques cheveux noirs que j'avais reçus d'elle

Me la font entrevoir et toucher, par hasard;
Je puis, rare bonheur, me mirer dans la belle,
Boire à son doux sourire, et boire à son regard.

DIMANCHE

C'est dimanche! grand carillon
Sur les places et dans les rues;
Comme des brises épandues,
Elles vont en blanc cotillon,
Les paysannes ingénues.

Puis, quelques robes, çà et là,
Se mêlent aux jupes de laine;
Les élégantes de la plaine
Portent même, un jour de gala,
Un petit pouff, sous la futaine.

Et parfois le chapeau remplace
La résille ou le bavolet,

Mais ce sont là des coups d'audace
Dont le pays reste troublé.

Cependant, à toute volée,
Les grandes cloches frappent l'air ;
La brise est tiède, le ciel clair,
Dimanche a pris son envolée.

Maintenant, dessous les hangars,
Tout enguirlandés de ramilles,
Brunes et blondes jeunes filles
Tourbillonnent aux bras des gars.

Les corsets craquent, les pieds glissent,
Les amoureux s'approfondissent
En de furieux tournoiements.

Mais, gardant la jeunesse folle,
Silencieux, la pipe aux dents,
Les vieux suivent la farandole.

UNE NUIT

I

Sous le soleil clément, le ciel bleu du Midi,
Dans un coin ignoré, calme, tout attiédi,
Là-bas, vers l'Alpe rose et blanche de bruyères,
Oh! venez tous guérir vos lèvres et vos yeux
Des regards assassins, des caresses meurtrières
De ce « Paris été » brûlant, vide, ennuyeux.

Là-bas, coulent des jours limpides et sevrés
Des grandes soifs d'amour. Bleuets, épis dorés
Étalent, sous vos pas, des teintes languissantes;
L'azur, toujours serein, apaise l'œil fiévreux,
Et la terre n'a plus ces haleines puissantes
Qu'elle souffle, en avril, au cœur des amoureux.

Et par les nuits d'été, belles de profondeurs,
A l'air, tout imprégné de parfums, de tiédeurs,
Il fait bon s'en aller, la tête découverte.
Cigales et grillons causent de mille riens,
Mouches et vers luisants mettent, dans l'herbe verte,
Des réverbères d'or qui montrent les chemins.

Ainsi donc, un soir d'août, je marchais dans un champ,
Au bas de mon village, à l'heure où le couchant
Envahit l'horizon de vagues lueurs fauves.
Une brume rosée estompait les blés d'or,
Par endroits des fleurs, pavots et grosses mauves,
Riaient, comme des yeux, sur ce mouvant décor.

J'allais, abîmé dans le néant du grand tout,
Lorsque mon pied heurta quelque chose de mou ;
Devant moi, là, tout près, sur de folles aveines,
Une belle paysanne était au repos,
Les cheveux noirs semés de glaïeuls, de verveines,
Le corsage criblé de gros coquelicots.

Amis, ne parlons plus de retraite d'azur,
Il n'en existe pas dans notre monde impur
Et, plus loin, dans l'espace où brillent les étoiles,
Éther est tout en feu des baisers du soleil.
« Je te salue, Amour ! légers, comme des voiles,
« Les épis s'inclinaient sur ton beau front vermeil. »

Ce salut toutefois m'échappa, comme un cri.
J'avais froissé ta jupe, et peut-être meurtri,
De mon soulier brutal, tes formes chérubines?
Mais ce premier émoi disparut à l'instant;
Un sourire charmant plissait tes lèvres fines,
Tes grands yeux s'éclairaient d'un regard bon enfant.

Qu'un mystique rêveur, un stupide éhonté
Passe, muet et froid, devant une beauté;
Moi je veux m'arrêter, serait-elle de marbre?
Et voyez si j'ai tort! Le Bon Dieu qui sait tout,
Au-dessus de ce nid penchait le fruit de l'arbre
Qui rend l'homme savant, bon, et même un peu fou.

II

LA POMME

« Oh! mangeons-la, lui dis-je, elle est blonde, vermeille
« Oscillant sur ton front, comme une étoile d'or;
« Rassasions nos faims et nos soifs, jeune abeille,
« Sous ce large pommier, dans la plaine où tout dort.

« Tu le sais comme moi, le fruit mûr de la veille
« Souvent le lendemain tombe frappé de mort,

3.

« Et la brise, ce soir, nous chuchote à l'oreille,
« D'y mordre à pleines dents, sans stupide remord. »
— « Je le voudrais aussi, me répondit la fille,
« Si nous étions bien seuls, au fond d'une charmille,
« Car cette pomme est belle et luit d'un doux reflet ;

« Mais ne vois-tu donc pas le grand œil qui regarde,
« Là, même devant nous ? C'est la lune, prends garde !
« La perfide, à l'instant, irait tout dévoiler. »

Elle dit. — Je restai devant elle, au milieu
Des fleurs et des épis, ne pouvant dire adieu
A de folles moissons, superbes à dépeindre,
A cette pomme d'or qui l'étoilait toujours.
Ainsi passent les nuits, ainsi passent les jours,
A désirer sans cesse, à ne jamais étreindre.

Maintenant, dans l'azur, planètes et soleils
S'allumaient infinis, blancs, opales, vermeils.
La lune gravitait vers le zénith, livide.
Ma paysanne alors quitta le champ de blé,
Et moi, jusqu'au matin, devant sa couche vide
Je demeurai debout, immobile, troublé.

AU NATUREL

(SONNET)

Vous n'êtes pas, enfant, cette Vénus plastique
Toute morte dans sa divine pureté.
Un Phidias en vous joignit à la beauté
De la ligne, ce charme absent du marbre antique.

Il vous coula de chair, en style romantique,
Encadra d'une nuit votre front argenté,
Vous fit des yeux pareils aux étoiles d'été,
Des lèvres ressemblant aux roses de l'Attique.

Ce fut ce qu'il permit au profane vulgaire
De voir et d'adorer du riche sanctuaire
Que vous m'avez, un soir, ouvert timidement.

Mais c'était là surtout que le sculpteur suprême
Se révélait à l'œil, grandiose et charmant,
Oui ! Vénus, près de vous, eût rougi d'elle-même.

L'USURIER

(SONNET)

Tout en haut du village est sise la maison
De l'usurier, vieux juif, égoïste, rapace,
Et dur au villageois comme à l'errant qui passe,
La harde sur l'épaule au bout d'un long bâton.

Il sort peu, vit très seul, toujours à son balcon
A surveiller la plaine et le champ de l'espace.
Le honni couve là ses faims d'oiseau vorace
Aux serres de vautour, aux ailes de faucon.

Hier, j'ai vu son chien, vrai squelette ambulant.
L'animal affamé, hâve, tout pantelant,
Fixait sur ma maison ses grands yeux d'agonie.

Sa hideur me fit mal, je lui jetai du pain,
Et tandis qu'il mangeait, accroupi sur sa faim,
L'usurier, là-haut, souriait d'ironie.

———

LES PHALÈNES

Elles vont, comme le sourire,
Les phalènes de Belzébuth,
Toutes les sèves en délire
Éclatent en un cri de rut.

Elles vont, frôlant de leurs ailes
Roses et lys d'un jeune sein,
Et les soupirs, ces étincelles
De la chair, suivent leur essaim.

Elles touchent chaque paupière
Mi-close sur un regard pur,
Aussitôt cesse la prière
Et fuit le rêve plein d'azur.

Elles volent, en Ganymèdes,
Déverser le nectar brûlant
Des fous désirs, maux sans remèdes,
Sur un corps vierge, tout tremblant.

Et tapis sous les fleurs naissantes
Les sens s'éveillent, excités,
A ces morsures innocentes,
Messagères des voluptés.

Elles vont comme le sourire
Les phalènes de Belzébuth,
Toutes les sèves en délire
Éclatent en un cri de rut.

L'ANGELUS

(SONNET)

« Levons-nous, dirent-ils, ne nous embrassons plus.»
Je recueillis ces mots, tourmenté par le doute
D'avoir défait un nid qui chantait sur ma route.
Au loin, dans le village, on sonnait l'angelus.

C'était là cependant un remords superflus,
Car le rêveur, aux champs, n'est pas ce qu'on redoute.
Immobiles et droits, comme piliers de voûte,
Les jeunes paysans priaient sur le talus.

Et moi je m'arrêtai, pour mieux les contempler,
Le souvenir empli du tableau de Millet.
« Grand maître ! ils étaient là, tes superbes modèles,

« Profilés sur le ciel, en un repos touchant,
« Debout, silencieux, les mains jointes, fidèles
« A ce vague angelus qui tinte au jour couchant. »

LES EAUX

(SONNET)

J'aime toutes les eaux : la source jaillissante,
Le lac silencieux, les timides ruisseaux
Roulant, avec lenteur, dans la plaine où tout chante,
Des regards de ciel clair et des rires d'oiseaux.

Et j'aime encor la voix grandiose, effrayante
Du lourd torrent qui croule au versant des coteaux,
Puis, tout au fond des vals, la cascade bruyante
Qui bouillonne et blanchit d'écume les roseaux.

Mais ce que je n'ai vu, hélas ! que dans mes rêves,
Ce sont les flots amers, déferlant sur les grèves ;
Chose faite d'horreur, d'infini, de néant ;

Paysage pareil à celui de l'espace,
Que l'on appelle mer, que l'on nomme océan,
Et que l'homme jamais, d'un seul coup d'œil, n'embrasse

———

DANS LES SEIGLES

(SONNET)

Ils étaient tous les deux, pensifs, au pied d'un mur,
Et tristes de n'oser briser dans une étreinte
Leurs jambes et leurs bras, paralysés de crainte;
Devant eux s'étalait un champ de seigle mûr.

Dans leurs grands yeux ouverts, la douleur était peinte
Mêlée au rêve fou, mais sans doute très pur,
De boire du soleil, de manger de l'azur,
Enlacés, soupirant une amoureuse plainte.

Ils ne pouvaient ainsi résister plus longtemps
A ces désirs éclos sous l'astre des vingt ans;
La moisson leur tendait les draps d'or de sa couche.

« —Oh! prends-moi dans tes bras, mon robuste vacher,
Cria la paysanne ; « Un baiser de ta bouche,
« Viens ! allons dans ce champ, il fait bon s'y coucher.

BIZARRE!

J'en connaissais de plus rieuses
Dans le village, cependant
C'étaient choses fort gracieuses,
Les rires de la brune enfant.

J'en connaissais de plus aimantes
De plus douces au cœur meurtri,
Mais ses froideurs étaient charmantes,
Son beau dédain, presque attendri.

J'en connaissais de plus timides,
Au regard pensif et voilé,
Mais ses yeux étaient si limpides
Qu'ils dévisageaient sans troubler.

J'en connaissais de plus fidèles,
Et de plus sages qu'elle encor,
Mais ainsi vont les hirondelles,
Je l'estimais comme un trésor.

———

NELLA

Je croyais, sur l'Alpe sauvage
Ne cueillir que les fleurs des bois,
Et les fleurs de ton doux visage,
Nella, sont celles que je vois.

Je voulais, aux vents de la plaine,
Livrer mes sens, me dégriser,
Et ma pensée est toujours pleine
De ton rire, de ton baiser.

Je voulais dans les sources claires
Ne regarder que le ciel bleu,
Et c'est là, sur leurs eaux polaires,
Que brillent tes regards de feu.

4

J'espérais, quand midi poudroie
Par les chemins, tout confier
Au lourd repos, tristesse et joie,
Et mon cœur demeure éveillé.

Si le matin ma main caresse
Des épis dorés et soyeux,
Je sens le frisson de ta tresse,
Tes cheveux noirs voilent mes yeux.

Et quand le soir une hirondelle
Passe, trop près de moi, j'entends
Comme une voix, dans son coup d'aile,
Me bavarder de tes printemps.

LA ROTONDE

(SONNET)

C'est un monument grec, d'autres disent romain.
Bref! les clercs du pays partagés sur le style
Des frises du fronton, des arcs du péristyle,
Veulent tous, cependant, qu'il soit temple païen.

Cette question-là ne me tourmente en rien,
Je la trouve plutôt bizarre que futile,
Lorsque, de ce côté, distrait, l'âme tranquille,
Je passe, regardant le dôme aérien.

Le dimanche parfois, au sortir de l'office,
Filles et jeunes gens sur le vieil édifice
Vont dénicher l'amour éclos sous des buissons.

Je chöisis ce moment pour visiter le temple,
Car le bruit des baisers, des rires, des chansons
Anime le décor que mon regard contemple.

LOIN DE PARIS

(SONNET)

Oui ! je vous trouve heureuse à cultiver des fleurs,
Ma cousine, bien loin de cette grande ville
Où bruit et tourbillonne une foule servile,
Aux visages pâlis et ridés par les pleurs ;

Où tant de gens ont peine à porter leurs douleurs,
Et faiblissant hélas ! dans leur vigueur débile,
Sous le fardeau pesant d'une misère vile,
Tombent, en accusant le ciel de leurs malheurs.

Mais, au milieu des lys d'une grande tonnelle,
Très calme, vous suivez l'aimable ritournelle
Des grillons, au printemps, des cigales, l'été.

4.

Oui, vous êtes heureuse, et quelquefois j'envie
Oh! ne m'en voulez pas! un peu de la gaîté
Franche et pure des champs qui charme votre vie.

———————

LE PAPILLON

(SONNET)

Je rencontrais, un soir d'été, sur mon chemin,
Nu-tête, (comme c'est la coutume au village),
Un baby s'efforçant de saisir au passage
Un frêle papillon, rose comme sa main.

L'enfant tendait les bras. L'insecte aérien,
Sur ses deux ailes d'or courait le paysage
Et, sans cesse passant près du jeune visage,
S'effaçait dans l'azur, ainsi qu'un souffle, un rien.

Et je pensai, dès lors, qu'enfant est le poète.
Le rêve, aux ailes d'or, qui traverse sa tête,
Sous la plume, Dieu sait! est fixé rarement.

Presque toujours aussi, dans la course insensée
D'une image riante à travers la pensée,
Contempler est un bien, mais saisir un tourment.

L'IVRESSE

Traduit librement d'Anacréon.

Le sol altéré boit les brumes en automne,
Les neiges en hiver, la rosée au printemps ;
L'ivrogne boit toujours qu'il vente, gèle ou tonne,
Grisant, de sa liqueur, les prés, les bois, les champs.

Et la mer, à son tour, se soûle dans sa couche
De vingt mille cours d'eau, venus d'un peu partout,
Émus, ivres, trébuchant, l'écume à la bouche.
Un rauque ronflement monte du flot qui bout.

Le soleil boit aussi. Rouge sombre sa face
Est celle d'un soûlard, le soir à l'horizon.
Il a bu l'Océan, maintenant, dans l'espace,
Les astres avinés boivent à son rayon.

Ils boivent, voltigeant dans leurs lumières blondes,
Lentement, à longs traits ; de leurs grands yeux ouverts
Ils boivent à Phébus ! et demain d'autres mondes
Porteront, enivrés, un toast à l'univers.

Remplis ma coupe, haut, remplis qu'elle déverse,
Muse, ton vin nouveau ! Car pourquoi seul, ici,
Ne boirai-je ma part ? Pourquoi ? Ah ! verse, verse
L'ivresse de l'amour dans ma coupe, — merci !

LE CRUCIFIEMENT

Traduit de Crescembini.

(SONNET)

Ah ! qui donc fut l'auteur d'un acte si hideux ?
Demandai-je à l'Espace, et l'Espace en colère
Tonna : « l'Homme lui seul, — le soleil qui t'éclaire,
« Éclaboussé de sang, s'éteignit à mes yeux »

J'interrogeai la Mer. Son flot tumultueux
Monta vers moi, hurlant : « C'est l'homme seul, ton frère
« Ma vague en eut horreur. » — J'interrogeai la Terre.
« C'est l'homme ! dit sa voix, je hais ce monstrueux. »

Toujours préoccupé par ce crime effroyable,
Je vins à l'homme gai, frivole, très aimable,
Et je lui demandai s'il n'avait point tué.

Il détourna les yeux, puis, haussant les épaules,
Je le vis s'éloigner, impassible, muet,
Et point honteux du tout de mes dures paroles.

NOTES D'AMOUR

NOTES D'AMOUR

TZIGANE

Nous fîmes en avril l'école buissonnière,
Vous en souvenez-vous ? Ce fut un jeu charmant.
La fleur de votre amour, sauvage primevère, ·
Au soleil des sentiers fleurissait librement.

Dans l'herbe des taillis, sous les hautes futaies,
Nous rêvâmes alors un beau rêve d'azur,
Mai nous enveloppa de l'ombre de ses haies,
Juin nous ensevelit dans ses champs de blé mûr.

Là, les souffles d'été dénouaient votre tresse,
Les fleurs et les épis pâmaient autour de nous, .

Et le soleil brûlait notre chaude caresse,
Et les grillons criaient : « Aimez-vous ! aimez-vous !»

Mais votre cœur, hélas ! ma charmante tzigane,
Badine avec l'amour aussi facilement
Que le jongleur forain avec sa sarbacane,
Avant l'août vous quittiez mon pays ravissant.

Depuis ce temps j'évoque avec mélancolie
La question d'aimer ou de ne pas aimer,
Pesant les deuils amers et la douce folie
Des clairs matins d'avril, des tièdes soirs de mai.

CHANSON

Elle n'avait dans son langage
Que des mots de timide enfant,
Et cependant son bavardage
Me rendait songeur et tremblant.

Elle n'avait dans son sourire
Qu'une douce naïveté,
Et cependant, je puis le dire,
Rien ne m'a plus déconcerté.

Elle n'avait rien de farouche,
Mais elle m'a rempli d'émoi,
Un jour qu'est tombé de sa bouche
Ce nom de fleur : « Pensez à moi ! »

Elle n'avait rien de féroce,
Mais, à la suivre pas à pas,
J'ai souffert un supplice atroce,
Car la belle ne m'aimait pas.

RENOUVEAU

(SONNET)

Durant près de deux mois je voulus t'oublier,
Pourquoi? je n'en sais rien; je rêvais l'inconstance,
Je voulais vivre seul une sotte existence,
Assassiner en moi l'amour et l'amitié.

Et, lorsque criminel j'eus frappé, sans pitié,
Mon cœur, fait d'idéal et pétri d'espérance,
Alors, tout triomphant d'une horrible souffrance,
Je marchai du pas lourd et bourgeois d'un rentier.

Mais, un matin d'avril, la première hirondelle,
Courant les boulevards, m'arrêta d'un coup d'aile.
Ce baiser de l'oiseau printanier me troubla.

Je crus le recevoir de ta lèvre de rose,
Tandis que, tout au fond de mon cœur, quelque chose
De doux et de naïf se fondait ce jour-là.

BOUDOIR

Dans son boudoir tenaient mille petites choses,
Des sachets de velours, noués de faveurs roses,
Des vases de cristal où de timides fleurs,
Bleuets, myosotis, étalaient leurs pâleurs ;
Des écrins, des coffrets, inclinant leurs paupières
D'azur sur les regards des perles et des pierres ;
Et, devant le foyer, un large écran vermeil
Éclairait le boudoir d'un rayon de soleil.
Puis la tapisserie encadrait quelques toiles,
Deux miroirs, ourlés d'or, pareils à deux étoiles,
Où les moindres objets venaient sourire encor.
Mais le parfum flottant sur ce riche décor,
Trop puissant quelquefois, inquiétait ma tête,
Les souffles du printemps mettaient là leur tempête,

Et je marchais alors, rêvant que sous mes pas
J'écrasais des forêts de lys et de lilas.
Je marchais, l'attendant avec l'impatience
Et la timidité que donne la démence.
Lâche et brave à l'excès, plein d'espoir, soucieux,
Puis je m'arrêtais court. Le frôlement joyeux
D'une robe passait; la porte mal fermée
Glissait timidement : c'était la bien-aimée!
Et j'oubliais les fleurs et les parfums troublants,
Les glaces s'éteignaient, les ors semblaient tremblants,
Le boudoir précieux tournait dans mon ivresse;
Car deux bras de velours, les bras de ma maîtresse,
M'étouffaient maintenant d'un indicible émoi.
Mais alors, à mon tour, je la pressais sur moi.
Mon cœur heurtait son cœur, mes mains nouaient sa taille
Mon regard se perdait dans le lac de ses yeux,
Et, corps à corps pâmés, l'adorable bataille
Se terminait enfin par un baiser joyeux.

UN SOUVENIR

(SONNET)

Notre fiacre, très lent, gravissait le faubourg.
Un de ces fiacres roux, détraqués, hors d'usage,
Où l'on se réfugie, un jour de grand orage ;
La grêle sur son toit imitait le tambour.

Il montait écrasé, sous le ciel bas et lourd,
Avec l'entêtement d'un stupide rouage,
Étalant, devant tous, sa hideur de louage.
Ce fiacre cependant promenait notre amour.

Car, lorsque le soleil eut dissipé l'ondée,
A mon épaule large, alors, bien accoudée,
Tu me disais tout bas : « Baissons les stores verts. »

Et, les stores baissés sur les vitres branlantes,
Je connus le baiser de tes lèvres brûlantes
Et le fou bercement de tes deux bras ouverts.

———

COUCHER DE SOLEIL

Le cœur tout obsédé par un jeune visage,
Seul j'ai suivi les quais, regardant en chemin
Les hommes attardés, devant le paysage,
Un journal sous le bras, une ligne à la main.

Le soleil déclinait par un beau soir d'automne,
Et ses derniers rayons, comme des plaques d'or,
Animaient, sous le ciel, la teinte monotone
Que la nature prend la veille de sa mort.

Puis ses vives couleurs devinrent plus légères,
Irisant l'horizon de ces lointains pays
Où, par groupes, s'en vont déjà les messagères
De nos printemps passés bâtir de nouveaux nids.

Son disque alors tomba dans un autre hémisphère,
Entouré de brouillards, rouge, démesuré,
Laissant sur son passage une lourde atmosphère
Qui, par degrés, montait dans l'espace azuré,

C'était le crépuscule, au long voile bleuâtre,
Envahissant l'éther, éteignant tous les feux,
Comme l'on voit souvent un rideau de théâtre
Brusquement dérober un décor merveilleux.

Et machinalement sur les quais de la Seine,
Guidé par le hasard, ce dieu de l'insensé,
Moi j'allais, en rêvant à l'image sereine
D'un visage blondin sous un ciel effacé.

UN MAUVAIS SONNET

Pareil à ce plongeur qui cherche au fond des mers
La nacre, le corail, les pierres précieuses,
Dans tes yeux j'ai trouvé des rimes gracieuses.
Trop riches, cependant, pour le sens de mes vers.

Mais comme les bijoux fort souvent sont ouverts
Sur un écrin tissé d'enveloppes soyeuses,
J'ai voulu revêtir de formes orgueilleuses
L'un et l'autre tercet d'un sonnet de travers.

Accepte-le, pourtant, malgré sa broderie,
Cherches-en l'amitié sous la forfanterie,
Puis, après l'avoir lu, dans quelque sachet bleu

Laisse-le, jusqu'au jour où la main indiscrète
D'un valet le prendra pour allumer ton feu :
C'est le destin des vers de tout mauvais poète !

LA FLEUR DU VASE

Lorsque votre fenêtre est close,
L'hiver, par un temps glacial,
Vous aimez une fleur éclose
Dans votre vase de cristal.

Chaque matin, votre main veille
A verser une goutte d'eau
Sur la fleur, mourante la veille,
Et la fleur renaît aussitôt.

Maintenant la neige voltige,
Le moineau pleure sur les toits,
Et vous, auprès de votre tige,
Vous voyez refleurir les bois.

Le vent froid jette l'épouvante
Sur la flamme de votre feu,

Quand votre voix, claire et savante,
Parle d'avril et de ciel bleu.

Ainsi l'homme parfois cultive
Silencieusement en lui,
L'hiver, cette plante hâtive
Dont le parfum vous réjouit.

L'espérance est la goutte utile
Qui fend l'argile de son cœur :
Ce vase riche, mais fragile,
Où son amour est une fleur.

Et la fleur n'est pas oublieuse
Des soins donnés chaque matin,
Sortant du vase gracieuse,
La fleur efface du chagrin.

Son parfum subtil fait éclore
Un étourdissement joyeux
Sa couleur de rubis colore
L'aile d'un rêve radieux.

Tandis qu'au loin le noir cortège
Des deuils du cœur court effacé,
Pareil au tourbillon de neige
Que vous ne voyez point passer.

LE CIERGE

(SONNET)

Ainsi qu'un cierge blanc, fait des plus belles fleurs,
Au bras d'un chandelier jette sa claire flamme,
Puis s'effare, pâlit, agonise et rend l'âme,
Laissant sur la bobêche épandus quelques pleurs,

Tel un amour souvent silencieux s'enflamme,
Et reflète en brûlant les plus riches couleurs
Où passent, tour à tour, l'espérance, madame,
D'une joie et l'oubli consolant des douleurs.

Courez donc, à trente ans, plus folle et plus aimante,
Les sentiers du plaisir, puisque l'amour, charmante,
Éclaire votre cœur d'un tiède et blanc matin ;

Car, étant fait de fleurs, ses jours sont éphémères,
Et ses vacillements de cierge qui s'éteint
Ne laissent après eux que des larmes amères.

———

UN REBUS

(sonnet)

Hier, vous attendant, j'ai vu sur votre table,
Ouvert près d'un journal de modes tout froissé,
Un manuscrit d'enfant où l'on avait tracé,
Madame, au crayon rouge, un rébus fort aimable.

Il figurait un cœur; un cœur ineffaçable,
Gravé par un trait large et souvent repassé;
Puis, dans cette vignette, un « vous » était placé :
J'ai cru lire ceci : « Vous êtes adorable ! »

Et, sûrement encor : « Mon cœur est plein de vous ! »
Naïveté charmante à dire à vos genoux.
Près de moi, cependant, vous n'êtes pas venue.

Dans mon fou désespoir, me croyant oublié,
Faussaire! j'ai signé l'œuvre de l'écolier,
Et, tout au bas, inscrit ma légende ingénue.

MON PARADIS

(SONNET)

Si j'étais un vieillard n'ayant plus qu'à râler,
Arrivant sur le seuil de la tombe, madame,
Je voudrais posséder assez de force d'âme
Pour vous dire en quel monde il me plairait d'aller.

Mais il m'est difficile aujourd'hui d'en parler,
Mes doigts n'ayant encor parcouru cette gamme
Du clavier de la vie; or un ciel où la femme
Serait absente, hélas! me semblerait fort laid.

Qu'il s'agisse, à présent, de l'existence faite
Dans l'Eden du Seigneur, le harem du prophète,
Ou les bleus paradis des mille dieux indiens,

A tout, pour le moment, madame, je préfère,
Sans vouloir blasphémer, le séjour de la terre
Avec toutes les fleurs de ses amours païens !

AU BAL

Elle est grande, fluette, avec des lèvres pâles.
Son sourire est rêveur ; ses cheveux d'or flottants,
Ses yeux ont cet éclat indécis des opales,
Son baiser est timide. Elle n'a que vingt ans.

Mais elle brille au bal comme une blonde fée,
De celles que l'on voit une nuit de Noël,
S'élever des tisons souriante, coiffée
De bleuets, de glaïeuls et d'étoiles du ciel.

— Une valse ? Oh ! monsieur ! — et toute rougissante
Elle offre son bras blanc, sa taille ravissante.
Or un soir, la blondine, en valsant avec moi,

6

Vers son pays d'azur entraîna ma pensée !
Et ce soir, je revins du bal tête baissée,
Etourdi, l'œil hagard, le cœur rempli d'émoi.

———

MARIÉE

(SONNET)

Ses yeux étaient d'azur, ses cheveux semblaient teints
D'une poussière d'or et, sur ses lèvres roses,
Brillait cette fraîcheur commune aux fleurs écloses
Sous le soleil clément des rivages lointains.

C'était notre ange à tous ! Elle rendait sereins
Les jours de cette vie, hélas ! souvent moroses ;
Fleurissant notre toit de lilas et de roses,
Le remplissant de chants, de rires enfantins.

Mais, pareils aux oiseaux, les anges de la terre,
Dans le même séjour, souvent ne restent guère
Qu'une saison. Ainsi, par un beau soir d'été,

Le nôtre disparut, emportant sur son aile
Nos rires, nos chansons, fleurs de notre gaieté
Couverte, désormais, d'une neige éternelle !

CHANSON

J'aime ta robe brune
Des hivers frileux, attristés,
Celle d'automne, clair de lune,
Celle grenat des blonds étés.
Et cependant je me rappelle
Que le frôlement de l'une à l'excès
Me trouble; elle n'est pas plus belle,
Mais c'est l'avril, quand tu la mets.

J'aime les fleurs écloses
De ton visage triomphant,
Les lys de ta joue et les roses
De tes lèvres, aimable enfant!
Et cependant bien plus, charmante,
J'aime le rêve, aux ailes d'or,

6.

Qui m'éblouit et me tourmente,
Quand ton regard sur moi s'endort.

J'aime ta tresse noire,
Cadre amoureux de ta pâleur,
Tes dents claires comme l'ivoire,
Et ta fraîche haleine de fleur.
Mais l'heureux frisson qui pénètre,
Auprès de toi, mon être entier,
Tu sais surtout le faire naître
D'une parole d'amitié.

Et les petites bagues,
Contournant tes si petits doigts,
Perles d'azur aux reflets vagues,
Je les aime comme je dois.
Mais éveillés, sous tes paupières,
Des diamants et des rubis,
Plus encor que ces riches pierres,
M'émeuvent, lorsque tu souris.

IDYLLE

A travers les sentiers ils couraient au printemps,
Tous les deux enlacés, joyeux comme à vingt ans,
Le cœur épanoui d'une secrète ivresse.
L'air était imprégné de lilas, de jasmin,
Mais ils ne voyaient pas les fleurs de leur chemin :
Leurs regards se cherchaient et se mêlaient sans cesse.

L'été vint ; ils pensaient encore à leur matin,
Sous la charmille verte, à cet âge lointain
Où les illusions prennent des couleurs roses.
Leurs midis pleins d'azur et leurs soirs étoilés
D'une gaze légère à peine étaient voilés,
Des bleuets fleurissaient à la place des roses.

Puis l'automne à son tour, l'automne aux cheveux d'or,
Peupla leur souvenir de rêves bleus encor.

Les feuilles tournoyant sous les nuages blêmes
A de tristes pensers ne les arrêtaient pas
Et, vers les bouleaux morts, ils dirigeaient leurs pas,
Effeuillant dans leurs doigts de froides chrysanthèmes.

Quand l'hiver eut glacé les dernières chansons,
Dépouillé les coteaux, et blanchi les buissons,
Offrant à la chaleur des bûches leurs mains pâles,
Vieux alors! ils parlaient encor des jours joyeux
Et la flamme de l'âtre, en éclairant leurs yeux,
Semblait rendre la vie à de mortes opales.

UN RÊVE

Le rêve droit et blanc, comme un rayon solaire,
Au kaléidoscope irisé de l'esprit,
Fait souvent un tableau clair, mobile et fleuri
Du souvenir gardé d'une chose éphémère.
C'est ainsi que la fleur que tu portais au bal,
Tzigane! l'autre nuit occupait ma pensée,
Dégageant le parfum d'une fête passée,
De son calice empli de gouttes de cristal.

Les chrysalides d'or que le bal fait éclore
Cherchant à la frôler voltigeaient, blonds essaims;
Mais elle, déjouant leurs amoureux desseins,
Se repliait, s'ouvrait et se fermait encore.

Or, papillon aussi, n'ayant rien su saisir
De cette sensitive, en mon tournoiement vide,

A plonger dans sa gorge un regard lent, avide,
Mélancoliquement je bornais mon désir.

Et voilà! que j'ai vu, dans ce miroir fidèle,
Les perles de tes dents, la nuit de tes cheveux,
Et les lys de ta joue et la vive étincelle
Que brûle chastement l'étoile de tes yeux.

Et comme emprisonnée en cette coupe claire
D'une petite fleur d'avril, tu m'as souri :
Rêve limpide et blanc, tel qu'un rayon solaire,
Dont reste ému mon cœur et charmé mon esprit.

A DIX-HUIT ANS

(sonnet)

Lorsque avec dix-huit ans on a les lèvres roses,
Le teint du plus beau lys, le regard azuré,
Angèle, on doit rêver à de fort belles choses:
A fleurir et, surtout, à se faire adorer.

Ce rêve, cependant, de tant de fleurs écloses,
Par le milieu terrestre est souvent altéré:
A plus d'une l'avril compte des jours moroses,
Beaucoup en saluant le soleil ont pleuré!

Mais vous dont la beauté ne sera pas ternie
Par la veille ou le cloître, oh! laissez-vous chérir,
En songeant quelquefois aux larmes de la vie.

En adoucir la plaie, Angèle, est un beau rôle
Et bien des cœurs meurtris n'attendent pour guérir,
Ma sœur de charité, de vous qu'une parole.

———————

LES YEUX BLEUS

(SONNET)

Vos yeux ont la couleur du lapis-lazuli,
Des yeux bleus, éclairés de la plus douce flamme,
Faisant rêver le cœur, réfléchissant à l'âme
Un coin du firmament dans leur miroir poli.

Je les ai fort souvent admirés, et parmi
Les plus beaux diamants, portés par une femme,
Aucun ne m'a paru jusqu'à ce jour, Madame,
Égaler en splendeur votre regard ami.

Les dieux n'ont pas voulu créer dans la nature
Une pierre aussi riche, une perle aussi pure
Que celle qui scintille en chacun de vos yeux,

7

Car, sinon dans les flots, et vers les noirs abîmes
De la terre, j'irais la chercher, et joyeux
Je la déposerais sur mon bouquet de rimes.

———

QUELQUES CROQUIS

QUELQUES CROQUIS

LE GRAND-PRIX

(SONNET)

Le boulevard sent bon ! C'est une douce haleine
De violettes de Parme et de poudre de riz
Qui, depuis l'Opéra jusqu'à la Madeleine,
Effleure votre peau, sous les arbres fleuris.

D'un lent et gai frisson, la large voie est pleine.
Charrettes et landaus retournent du Grand-Prix,
Les flancs encor brûlants du soleil de la plaine ;
Sur leurs coussins moelleux vibre le Tout-Paris.

Et la foule luisante, et riche, et parfumée,

Dégageant sous le ciel la rumeur d'une armée,
Envahit les trottoirs de son assaut géant ;

Tandis que des honteux, nés sous un autre pôle,
Mélancoliquement, le haillon sur l'épaule,
Regardent, le cœur las et trempé de néant.

———

DANS LE BOIS

Lents à décolleter leurs fragiles corolles,
Verveines, liserons, lianes, herbes folles
Observent inquiets le ciel bas, incertain ;
Pas le moindre rayon de soleil ce matin.
Le vent souffle du Nord, un vent plein de colère,
Effritant dans le bois la chevelure claire
Des frênes, des bouleaux, des sapins et des ifs ;
Les joncs sont effarés et les roseaux plaintifs.
Cependant à midi, midi qui fait éclore
Les parfums et les chants dans les sillons de Flore,
Midi qui veut sourire aux ombres des forêts,
Suspend l'haleine froide et néfaste aux apprêts
D'un premier jour d'avril. Artiste en féeries,
Il dégage l'azur de ses teintes flétries,
Puis, prenant en sa main le pinceau du soleil,
Il effleure le bois d'un coloris vermeil.
A l'abri des buissons, sur les pelouses vertes,
Les fleurettes d'argent, tantôt froides, inertes,

Revêtent maintenant des toilettes de bal ;
Chacune doit fleurir l'élégant festival,
Un vent de coquetterie enfle les ornières,
Les bleus myosotis, les blanches primevères
S'habillent au grand jour des pacages déserts ;
Non loin, des liserons, timidement ouverts,
Roulent leur nudité dans le lierre des chênes,
Et, plus bas, ras du sol, violettes et verveines
Baignent leur petit corps dans les larmes du ciel.
Alors les blonds essaims, fleurs écloses du miel,
Les phalènes d'azur, les libellules blanches,
Les papillons, les taons, en folles avalanches,
Luisantes de soleil, envahissent le bois.
La fête a commencé, des rires de hautbois,
Soufflés par les violons, raillent les violoncelles
Que raclent en bémol les bourdons sous leurs ailes,
Tandis que les frelons, aux crêtes des roseaux,
Modulent savamment la fugue des ruisseaux.
Puis, dominant l'accord de ces notes infimes,
Fauvettes et pinsons, sur les plus hautes cimes,
Tourmentent la forêt de motifs wagnériens,
Et les ifs, les bouleaux, les frênes aériens,
Les brins d'herbe, les fleurs, en un repos d'extase,
Sous la brûlure lente, amoureuse de l'air,
Recueillent tous les mots de cette grande phrase
Dont Midi, leur amant, fait vibrer le ciel clair.

LES LISERONS

(SONNET)

Les premiers liserons poussent aux cimetières ;
C'est charmant de les voir tapisser les parois
Des cippes orgueilleux et des tombes altières,
Et courir follement aux bras de chaque croix.

Ils enlacent encor les arbres tumulaires,
Les charmes, les sapins immobiles et droits,
Et les ifs, les ormeaux, les saules tutélaires,
Épandus tristement autour des marbres froids.

Mais, quoique s'élevant vers les plus hautes cimes,
Ils tiennent au terreau par des fibres infimes :
Le terreau des vieux Morts où suinte la chair,

Et c'est une pensée, à l'homme consolante,
De croire qu'en la tige et la fleur d'une plante
S'incarne, au renouveau, l'ami qui lui fut cher.

———

TOUT UN DRAME

Ma première verveine a fait une conquête,
Un papillon l'adore, à en perdre la tête;
De la table où j'écris un sonnet amoureux
Je le vois tournoyer, timide, langoureux,
Autour du petit vase éclos, sur ma croisée,
D'une superbe fleur diaphane et rosée.
Il n'ose l'approcher, mais il l'aime, c'est clair!
Car, depuis plus d'une heure, il fatigue dans l'air
Ses antennes d'azur, sans pouvoir se soustraire
Au regard captivant de la fleur vulnéraire.
Il tourne, tourne, tourne, inquiet, lentement,
Envahi du désir criminel et charmant
De baiser, l'insensé, ma verveine à la bouche;
Mais toujours un regard de la fleur l'effarouche,

Le regard vertueux d'une froide beauté !
Ce pauvre papillon, si longtemps rebuté,
M'occupe en son malheur. Je laisse mon ouvrage,
Pour mieux le suivre « Allons! lui dis-je, ami, courage,
« Encore quelques tours et la fleur va t'aimer. »
Et de la chambre étroite où je me suis fermé
Je le vois qui poursuit toujours sa course lente
Autour du vase, empli de ma sauvage plante.
Puis, plus rien, l'air est mort à sa vive lueur ;
Son aile a dû faiblir, et, j'ai comme une peur,
En ouvrant, de trouver, étendu sur la dalle,
Son faible corps meurtri, tout palpitant d'un râle,
Agonisant d'amour, les yeux à demi clos.
— Voyons !... Hélas, c'est vrai ! l'insecte est sur le dos,
Agitant faiblement son pauvre petit être.
— Si je le soulevais... il volerait peut-être ?
Mais non !.. son aile est morte, il ne respire plus,
Et, dernier châtiment, la verveine dessus
Déverse la rosée âcre de son calice,
Afin d'être deux fois bourreau de son supplice.

LE CASQUE

(SONNET)

Des cuirassiers passant sont restés inquiets
Devant un vieux débris de la lutte dernière,
Bout de casque, enfoui dans le creux d'une ornière,
Que l'avril fait pousser au milieu des bleuets.

C'est là-bas, dans un champ qui borde la frontière.
Quelques crins de cheval, sur son crâne oubliés,
D'une blanche rosée émergent, tout mouillés,
Et l'acier de son front brûle sous la lumière.

Depuis seize printemps le ciel lave sa rouille ;
Mais le casque n'est pas la plus riche dépouille,
Offerte par le sol aux baisers du soleil.

Dans ce champ où l'avril met une grande fête,
Des ossements blanchis dressent encor la tête,
Comme si les vieux morts demandaient le réveil !

———

L'EPOUVANTAIL

(SONNET)

Au bout d'un long bâton, près de l'aire planté,
Ma fermière a pendu les loques d'un corsage,
Afin d'effaroucher les oiseaux de passage
Qui par bandes, en juin, viennent l'inquiéter.

Passant là, par hasard, elle m'a raconté
Que dans leur carnaval, les gamins du village
Étaient venus lui prendre un jupon, hors d'usage,
Mis par elle à ce pieu : « Faut-il être effronté ! »

Tout en parlant, sa main soulevait devant moi
Les manches du haillon, suspendu lamentable ;
Et, m'approchant alors, je ne sais trop pourquoi,

De voir une dentelle à cet épouvantail,
Aussitôt j'ai rêvé qu'une gorge adorable
Avait palpité là, jadis, sous l'éventail.

BONS BOURGEOIS

(SONNET)

Ce sont deux bons bourgeois : la femme et le mari ;
De ces gens gras, coulant une existence saine.
Chaque dimanche ils vont oublier la semaine
Dans le parc de Saint-Cloud, leur endroit favori.

Leur plaisir est greffé sur beaucoup d'hygiène.
Digérant mieux à l'air leur repas de midi,
Ils marchent lentement, sous le ciel attiédi,
Le corps un peu voûté, mais la face sereine.

Cependant en chemin ils prennent le bateau,
Et parfois le tramway, pour arriver plus tôt.
Au loin, des tapis verts émergent de la Seine.

Eux, côte à côte assis, bavardent du beau temps,
Et c'est plaisir de voir comme un peu de printemps
Redresse ces bons vieux frisant la soixantaine.

———

LES VIEUX MURS

Quand vous avez passé les remparts de Paris,
Vous trouvez les vieux murs édentés et meurtris.
A leurs pieds chancelants traînent des tas d'ordures,
Mais sur leur front, criblé de profondes blessures,
La nature pourtant fait pousser une fleur.
Là quelque liseron, sans aucune pudeur,
Plonge son clair regard dans la gorge sévère
D'une blanche verveine ou d'une primevère ;
Et souvent des bleuets, pâmés sous le soleil,
Frissonnent au baiser d'un papillon vermeil.

Moi, j'ai toujours aimé l'ombre de ces murailles ;
Je vais, examinant le fond de leurs entrailles,
Touchant leur sang d'argile et leur chair de cailloux.
L'air passe à goût de fleurs, le soleil est très doux.

Je vais. Rien n'est charmant comme ces flâneries
Que l'on poursuit le long des murailles flétries.
Ici, par un grand trou, je vois un coin de pré,
Là, dans une crevasse, un pan de ciel entré
Fixe béatement les choses de ma route :
Le chien flairant le sol et l'homme qui se voûte ;
Et toujours le vieux mur déroule à mon regard
Des cailloux mutilés et des fleurs par hasard.

LA MASURE

(SONNET)

La ferme croupit là, dans un champ désolé,
Un trou large, au sommet, creusé par la mitraille,
Œil béant et noirci de cyclope aveuglé,
S'élargit lentement le long de la muraille.

Depuis soixante et dix on ne l'a pas comblé.
Dans la cour de la ferme, assis sur de la paille,
Un vieillard en cheveux, le regard affolé,
Rémoud du fer ; autour de lui court la volaille.

Et ni le grand soleil qui flambe sur sa joue,
Ni le bruit de mes pas n'arrêtent son labeur ;
Mélancoliquement son pied tourne la roue.

Je pourrais pénétrer, sans qu'il dresse la tête,
Mais l'œil noir et profond du vieux mur m'inquiète,
Et je passe, rêvant à quelque grand malheur.

———

SEPTEMBRE

(SONNET)

Août a fini son festival
De hannetons et de cigales,
Cédant la place à son rival
Le messager des nuits brumales.

Les coups du zéphyr automnal
Déjà présagent les rafales,
Faisant tourbillonner, au bal
Des moucherons, les feuilles pâles.

Et le ciel ne refléchit plus
Un immobile paysage,
Mais une mer qui, par le flux

Au reflux constamment uni,
Découvre et voile son visage,
Au même instant pleure et sourit.

LE POUFF

(SONNET)

Bien loin des boulevards, aux rires envolés,
Un dessous de décor, féminin, écarlate,
Pareil à quelque fleur énorme et disparate
Baille au soleil de juin épandu sur les blés.

En foule, des dindons autour sont rassemblés.
On ne sait trop pourquoi cette tournure plate
Les émeut à l'excès, car leur colère éclate,
Au grand air, par de longs gloussements étranglés.

Cependant vous suivez toujours votre chemin,
D'un pas lent et distrait, caressant de la main
L'herbe blonde des blés, lorsque...! (exquise peinture)

8

Fort mal ensevelis dans la folle nature,
Vous rencontrez, non loin du pouff et du troupeau,
Devinez...! Moi je passe, il fait ici trop chaud!

BOHÉMIENS

(SONNET)

Les tziganes, autour de leur baraque noire,
Hors des murs de Paris, mangent un plat douteux.
Ils sont douze sur l'herbe, enfants, vieillards gâteux,
Jeunes femmes, aux bras dorés, aux yeux de moire.

Le souffle de l'avril enfle ces ventres creux
Côte à côte, roulés au champ clos de la foire.
Faisant un jeu de tout, ils s'invitent entre eux
A des entraînements de manger et de boire.

Mais qu'une noce passe, et, quittant le repos,
Vous les verrez courir à leurs chers oripeaux ;
Puis, droits sur le tremplin, jouer la farandole.

La grosse caisse bat, le piston émeut l'air,
Et la noce aussitôt, la noce blonde et folle,
Autour des gueux voltige et rit sous le ciel clair.

———

LES FIACRES

(SONNET)

Les pieds dans le ruisseau qui borde le trottoir,
Le collier de travers sur la nuque affaissée,
Les chevaux alignés aux flancs de la chaussée
Ont le pesant repos des bœufs à l'abattoir.

Le fiacre est lamentable et c'est pitié de voir,
Sous le poids du brancard, la bête terrassée,
Séchant au grand soleil sa carcasse poissée
De sueur, et fumant ainsi qu'un encensoir.

Mais, contrastant avec l'attelage morose,
Le cocher réjoui, et gras, et frais, et rose,
Et crevant dans sa peau de bourgeois bohémien,

8.

Au-dessus des passants qui battent la ruelle,
Goûte une pâmoison exquise et sensuelle
A cuire au lent baiser du soleil méridien.

LES ENFANTS

(SONNET)

J'aime tous les enfants. Tous à leur babillage
Mêlent des mots charmants, pleins de naïveté,
Déversant dans notre âme un rayon de gaîté,
Et nous faisant rêver aux choses d'un autre âge.

Ils ne connaissent pas les feintes du langage,
Mais le doux abandon de l'ingénuité,
Cet art secret d'un cœur où tout est vérité.
Puis, la bonté sourit sur leur jeune visage.

J'aime tous les enfants! comme ils sont : étourdis,
Turbulents, tapageurs, osant des jeux hardis
A vous faire dresser les cheveux sur la tête!

Ou bien encor : rêveurs, tel qu'il en est parfois,
Éclairant leurs doux yeux des regards du poète,
Et murmurant tout bas : « Il était une fois !... »

LE ROC

(SONNET)

La nature souvent offre sur le rivage
Un géant de granit, menhir majestueux,
Immobile et drapé dans sa fierté sauvage,
Les flots amers autour roulent tumultueux.

Déferlant du lointain, le cœur trempé de rage,
Et rêvant de broyer le bloc prodigieux,
Dans une illusion que rien ne décourage,
Ils montent incessants de leurs confins brumeux

Debout, sur l'océan de sa vie implacable,
L'homme, fait de poussière, est ce roc immuable
Méprisant les affronts d'un rivage irrité.

Ses jours, comme des flots, lui crachent à la face,
Mais son espoir d'airain qui jamais ne s'efface
Triomphe tôt ou tard de la fatalité.

————

EN BATEAU

Sur le pont les frileux, autour de la chaudière,
Mettaient un cercle étroit, immobile, muet ;
D'autres étaient assis, et, dans ce cimetière
Ambulant sur les flots, un enfant remuait.

Puis, sur un banc désert, non loin de cette place
Où le baby vibrait, autre fleur de printemps,
Tout frêle émergeant de l'horizon de glace,
Une femme lisait, malgré le mauvais temps.

Mais, arrivant de l'eau, l'eurus froid et morose
Effarait les feuillets de ce livre entr'ouvert
Où se cachaient les doigts de sa main fine et rose,
Ses petits doigts mignons, plombés un soir d'hiver.

Et de la voir toujours avec mélancolie
Feuilleter son roman, le regard attristé,
Je rêvais en bateau d'une blonde Ophélie
Effeuillant des glaïeuls aux rives du Léthé.

———————

UN LACHE

(SONNET)

Sa femme commençait une valse charmante,
Au bal de l'Opéra, lorsque lui, un peu fou,
Sur le mur de sa chambre enfonçait un gros clou,
Auquel il attachait une corde effrayante.

Ses mains firent au bas une ganse savante,
Dans laquelle il passa la tête, puis le cou;
Sur la chaise, pourtant, il restait là, debout,
Le torse chancelant, la face inquiétante.

A deux heures sa femme ouvrit avec prudence,
Le masque sur le nez, fredonnant une danse;
Mais soudain, sur le seuil, elle se trouva mal,

9

Et roula, sans un cri, la gorge toute nue.
Le mari qui dormait, sous la corde tendue,
Réveillé, hasarda : « Tiens ! tu reviens du bal ! »

À QUATRE-VINGT-DIX ANS

(SONNET)

À quatre-vingt-dix ans vous pouvez, sans tristesse,
Vous mettre à ce balcon dont avril fait fleurir
Les treillis de jasmin, car vous avez, comtesse,
Encore dix printemps, et plus, à parcourir.

Oui, venez tous les jours recevoir la caresse.
Si douce du soleil ; venez encor cueillir
Des clochettes d'argent, sur le mur ; mon plaisir
Est de voir votre main en orner votre tresse.

Dans ce cadre très frais de lierre et de feuillage
Je voudrais regarder toujours votre visage :
Car mon rêve, souvent, me rappelle le soir

Où vous avez jeté, par une grâce extrême,
Quelques fleurs au poëte en lui disant : Bonsoir !
Comtesse ! depuis lors, ce poëte vous aime !

———

LE CHAR

(SONNET)

Je suivais un matin les bords d'une rivière.
Un char de bohémiens, dans le creux d'un foss.,
Avec son étalage, était là renversé.
Le chien, un vieux griffon, se lamentait derrière.

Tout avait chaviré. Maintenant dans l'ornière,
Hommes, femmes, enfants, travaillaient à pousser
Le pauvre véhicule à moitié défoncé.
L'un cinglait le cheval avec une lanière.

Donc, suivant, par hasard, ce chemin de halage
Je me mis à peiner avec tout l'équipage.
Le char à bancs geignit, puis roula lentement.

Et, remontant alors dans cette ignoble ruche,
Une femme aux yeux noirs me dit, d'un air charmant :
« Venez donc avec moi ! nous casserons la cruche. »

———

L'ORAGE

(SONNET)

Les éclairs sillonnant Paris, un soir d'été,
Projetaient sur le ciel, en formes fantastiques,
Des coupoles, des tours, des charpentes gothiques ;
Ce spectacle écrasait le cœur de majesté.

Des mendiants erraient dans la vieille cité,
Quand l'orage éclata. Fenêtres et boutiques
Se fermaient doucement, sous les pignons antiques ;
Le gaz, le long des murs, éteignait sa clarté.

Des fleuves aussitôt croulèrent de la voûte
D'un firmament noirci, balayant sur leur route
Les bohêmes portant des loques sur le dos.

« Ah ! tonnerre ! dit l'un, quel ignoble baptême !
« Il vaudrait mieux cent fois ! crever dans l'anathème
« Que de régénérer de la sorte ses os ! »

MON COLLÈGE

Tu ne fus pas exil ni liberté pour moi,
J'ai vécu dans tes murs avec insouciance,
Goûtant aux sucs amers des fleurs de la science,
Comme un frelon usé : sans plaisir, sans émoi.

Mais je voudrais encore habiter sous ton toit,
Encourir tes pensums, tromper la surveillance
D'un pion et flâner, en libre conscience,
Sur un auteur latin, à l'ombre de ta loi.

Car, bien loin de tes jeux, je vais, la tête basse,
Le cœur ensanglanté, l'âme maudite et lasse
Du pénible labeur qu'elle trouve en chemin.

Tel un fils de Sisyphe, attardé sur la terre,
Roulerait chaque jour le bloc d'une chimère,
Sans le fautif espoir de s'arrêter demain.

TABLE

AU VILLAGE

BIBLIOTHÈQUE NATIONALE

R. F.

IMPRIMÉS

NOTES D'AMOUR

QUELQUES CROQUIS

SAINT—DENIS. — IMP. LÉON MOTTE, 20 BIS, RUE DE PARIS.

CHEZ LE MÊME ÉDITEUR

St Denis — Imp. Léon Moitte, 20 bis, rue de Paris.

www.ingramcontent.com/pod-product-compliance
Lightning Source LLC
Chambersburg PA
CBHW072052080426

42733CB00010B/2087